Wolfgang Amadeus
MOZART

Missa in c
KV 427

per Soli (SSTB), Coro (SATB/SATB)
Flauto, 2 Oboi, 2 Fagotti, 2 Corni, 2 Clarini, 3 Tromboni, Timpani
2 Violini, Viola e Basso continuo
(Violoncello / Contrabbasso, Organo)

ergänzt und herausgegeben von
completed and edited by
Robert D. Levin

Stuttgarter Mozart-Ausg

Klavierauszug / Vocal score
Paul Horn

Carus 51.427/03

Meiner geliebten Frau / For my beloved wife
Ya-Fei Chuang

Im Auftrag der Carnegie Hall Corporation, New York
Die Edition wurde ermöglicht dank der Großzügigkeit der
Maria und Robert A. Skirnick Stiftung für Neue Werke an der Carnegie Hall
Uraufführung: Carnegie Hall, 15. Januar 2005
Leitung: Helmuth Rilling

* * *

Commissioned by the Carnegie Hall Corporation, New York
This edition was made possible thanks to the generosity of
The Maria and Robert A. Skirnick Fund for New Works at Carnegie Hall
World premiere: Carnegie Hall, 15 January 2005
Conducted by Helmuth Rilling

Inhalt

Bei Aufführungen, auf Programmen, Plakaten usw. ist der Zusatz „Ergänzt von Robert D. Levin" unerlässlich.

Programs and publicity materials for all performances must include the phrase „Completed by Robert D. Levin."

Zu diesem Werk liegt folgendes Aufführungsmaterial vor:
Partitur (CV 51.427), Klavierauszug (CV 51.427/03),
Studienpartitur (CV 51.427/07),
13 Harmoniestimmen (CV 51.427/09),
Violino I (CV 51.427/11),
Violino II (CV 51.427/12), Viola (CV 51.427/13),
Violoncello/Contrabbasso (CV 51.427/14),
Organo (CV 51.427/49).

Vorwort

In einem Brief an seinen Vater vom 4. Januar 1783 spricht W. A. Mozart von einem Versprechen, das er fünf Monate zuvor in Zusammenhang mit seiner Entscheidung, Constanze Weber zu heiraten, gegeben hatte: Er drückt zunächst Bedauern darüber aus, dass eine geplante Reise mit Constanze nach Salzburg durch „zeit und umstände" aufgeschoben werden musste und schließt dann: „zum beweis aber der wirklichkeit meines versprechens kann die spart von der hälfte einer Messe dienen, welche noch in der besten hoffnung da liegt." Diese „hälfte" ist zweifellos die *Messe c-Moll* KV 427 (417a) – Mozarts ehrgeizigste Komposition dieser Gattung und die einzige Messe vergleichbarer Größe zwischen J. S. Bachs *h-Moll-Messe* BWV 232 und der *Missa solemnis* von L. v. Beethoven.

Ein Grund, die Reise nach Salzburg zu verschieben, war Constanzes Schwangerschaft gewesen: Der erste Sohn des Paares, Raimund Leopold, wurde am 17. Juni 1783 geboren. Schließlich ließen die Eltern das Kind im Alter von kaum mehr als einem Monat in der Obhut einer Amme zurück und brachen nach Salzburg auf, wo sie am 29. Juli 1783 ankamen. Laut dem Tagebuch von Mozarts Schwester Nannerl wurde die Messe, die Mozart aus Wien mitgebracht hatte und „in der meine Schwägerin das Solo singt", am Donnerstag, 23. Oktober, geprobt und am darauf folgenden Sonntag, 26. Oktober, aufgeführt. Die Mitwirkung von Constanze als Sopranistin deutet darauf hin, dass die in Nannerls Tagebuch erwähnte Messe jene in c-Moll gewesen sein muss, denn Mozart hatte zu Beginn seiner Ehe mit Constanze einige Vokalisen für seine Frau komponiert, von denen er eine nun für das Sopran-Solo „Christe eleison" (Satz 1) verwendete. Auch wenn es sich bei der aufgeführten Messe wohl um die neue Komposition handelte – vollendet hat sie Mozart nicht. Schließen lässt sich dies aus einem Stimmensatz, der in Salzburg anhand Mozarts Partitur hergestellt wurde und den Nannerl der Stiftskirche Heilig-Kreuz in Augsburg hinterließ. Deren Chordirektor, Pater Matthäus Fischer, erstellte aus diesen Stimmen um 1802 eine Partitur, bestehend aus *Kyrie* und *Gloria*, *Sanctus*-„Hosanna" und *Benedictus*, das mit einer Wiederholung des zweiten Teils der „Hosanna"-Fuge endet. Zwar gelten heute die meisten der Salzburger Stimmen als verschollen, doch finden sich in den noch erhaltenen ebenfalls nur die Sätze, die auch Fischers Partitur aufweist. Demnach sind dies tatsächlich die einzigen Sätze, die Mozart vollendet hat – weder die Salzburger Stimmen noch Fischers Partitur enthalten *Credo*, „Agnus Dei" oder „Dona nobis pacem".

Mozart schrieb den größten Teil der *c-Moll-Messe* auf Wiener Notenpapier mit zwölf Systemen, dem damaligen Standardformat. Allerdings war die große Besetzung der Messe dort schwierig einzupassen: Die Vokalbesetzung der Messe verlangt vier Solisten und einen Chor, der zwischen Vierstimmigkeit (SATB), Fünfstimmigkeit (SSATB) und achtstimmiger Doppelchörigkeit (SATB/SATB) variiert. In Anlehnung an die damals in Salzburg übliche Praxis werden die Alt-, Tenor- und Bassstimme durch die colla parte geführten Posaunen verdoppelt. Das Orchester besteht aus zwei Oboen – wobei ein Oboist im „Et incarnatus est" zur Flöte wechselt –, zwei Fagotten, zwei Hörnern, zwei Trompeten, Pauken, Streichern und Orgel. Selbst wenn die Posaunen ihr System mit denen der Chorstimmen teilen und die Holz- und Blechbläser paarweise je auf einem System notiert sind, so mangelt es bei dem benutzten zwölfsystemigen Papier für ein Instrument an ausreichend Platz. Bei der Verwendung eines fünfstimmigen Chores sind für zwei Instrumente, bei Einsatz des achtstimmigen Doppelchores gar für sechs Instrumente zu wenig Systeme vorhanden. Mozart löste dieses Problem, indem er für die Chorsätze mit vollem Orchester zusätzliche Notenblätter verwendete und darauf die überzähligen Stimmen notierte.

Im Einzelnen besteht Mozarts Autograph aus:

Kyrie / Gloria: *Kyrie* und *Gloria* sind bis auf diejenigen Instrumente, die auf zusätzlichen Notenblättern ausgegliedert wurden, vollständig vorhanden.

Credo: Zum *Credo* gibt es nur zwei niedergeschriebene Sätze: „Credo in unum Deum" und „Et incarnatus est". Den restlichen *Credo*-Text von „Crucifixus" bis „Et vitam venturi" hat Mozart nicht komponiert. Offensichtlich übersprang er diese Passagen und komponierte das *Sanctus*-„Hosanna" sowie das *Benedictus* – vielleicht weil an St. Peter, wo die Messe aufgeführt wurde, das *Credo* an bestimmten Sonntagen nicht gesungen wurde.[1] Doch auch diese beiden Sätze des *Credo* existieren nur im Entwurf und sind nicht vollständig instrumentiert. So fehlen im „Credo in unum Deum" die Bläser- und hohen Streicherstimmen; auch ein Hinweis auf den Einsatz von Trompeten und Pauken ist nicht vorhanden. Im „Et incarnatus est" hat Mozart in den Violinen und Bratschen lediglich die Einleitung und das Nachspiel vollendet.

Sanctus / Benedictus: Die autographe Partitur des *Sanctus*-„Hosanna" ging zusammen mit der gesamten Partitur des *Benedictus* verloren. Überliefert sind aber – wie auch für das *Gloria* – zusätzliche Notenblätter, auf denen offensichtlich kurz vor der Salzburger Aufführung Stimmen notiert wurden. Dieses Particell von *Sanctus*-„Hosanna" enthält alle Holzbläser-Stimmen – folglich waren in der verlorenen Hauptpartitur lediglich der achtstimmige Doppelchor und die Streicher notiert. Das Bläser-Particell beweist damit, dass Mozart das *Sanctus*-„Hosanna" tatsächlich komponiert hat. Auch Fischers Partitur und die erhaltenen Stimmen legen diesen Schluss nahe. Sie bürgen ebenso für Mozarts Autorschaft beim *Benedictus*: wegen der kleineren Orchesterbesetzung in diesem Satz benötigte Mozart für das *Benedictus* keine Zusatzblätter.

---

[1] Neuere Forschungen haben ergeben, dass am 26. Oktober 1783 das *Credo* durchaus hätte gesungen werden sollen, doch erfuhr Mozart wohl zu spät davon. So war er gezwungen, für die Aufführung den Satz aus einer seiner anderen Messen zu entnehmen – vielleicht hat er diesen Teil aber auch ganz ausgelassen.

„Dona nobis pacem": Für ein „Dona nobis pacem" sind zwei Skizzen erhalten, überliefert in einem Konvolut, das die ebenfalls 1783 in Salzburg komponierte und unvollendet gebliebene Oper L'Oca del Cairo KV 422 enthält.

Warum brach Mozart sein Versprechen und ließ die Messe unvollendet? Das „Et incarnatus est" gehört zur strahlendsten, zärtlichsten Musik, die er je niedergeschrieben hat. Womöglich hat der Gedanke an seinen Sohn den zu komponierenden Worten („Und er hat Fleisch angenommen durch den Heiligen Geist […] und ist Mensch geworden") eine intensive persönliche Bedeutung verliehen. Während Mozart und Constanze noch in Salzburg weilten, starb Raimund Leopold, kaum zwei Monate alt, am 9. August 1783 in Wien – also zehn Wochen vor Aufführung der vollendeten Messe-Sätze. Obwohl Säuglingssterblichkeit seinerzeit nichts Ungewöhnliches war und stoischer hingenommen wurde als heute, ist es durchaus möglich, dass sich der trauernde Vater von der Messe abwandte, weil deren Vollendung für ihn zu schmerzlich gewesen wäre.[2] Ob Mozart 1792 in Folge seiner Ernennung zum Chordirektor am Wiener Stephansdom die Arbeit an der Messe wieder aufgenommen hätte, lässt sich nicht beantworten.

Den Torso der c-Moll-Messe zu einem liturgisch vollständigen Werk zu ergänzen, stellte eine enorme Herausforderung dar. Zunächst einmal waren grundsätzliche Überlegungen anzustellen:

1. Hatte Mozart für die zwei überlieferten Sätze des Credo Instrumente vorgesehen, die in seinen Entwurfspartituren nicht enthalten sind?
2. Wie viele weitere Sätze sah Mozart für den restlichen Text des Credo vor?
3. Notierte Mozart für diese Sätze oder für die ebenfalls noch fehlenden Sätze des Agnus Dei Skizzen?
4. Fischers Partitur enthält, außer in einer Sanctus-Passage, in der der Sopran in „Choro I" und „Choro II" aufgeteilt wird, nur einen vierstimmigen Chor, obwohl Sanctus-„Hosanna" für Doppelchor hätte gesetzt werden müssen. Enthielten die Salzburger Stimmen also nur diesen vierstimmigen Satz, oder kopierte Fischer lediglich den Chor I, was hieße, dass der Chor II hinzuzufügen wäre? Oder ist seine Version eine Kombination der beiden Chöre? Und wenn Letzteres der Fall wäre: War dies dann allein Fischers Arbeit, oder wurde es bereits von Mozart in Salzburg so beabsichtigt und gar unter seiner Aufsicht in dieser Gestalt aufgeführt?

Für die vorliegende Fassung der c-Moll-Messe wurden folgende Lösungen gefunden:

1. Den Satz „Credo in unum Deum" komponierte Mozart immer für die gleiche Orchesterbesetzung, wie er sie auch im Kyrie und Gloria verwendete. In diesen Sätzen sind Trompeten und Pauken vorgeschrieben. Die überlieferte Entwurfspartitur zum „Credo in unum Deum" enthält jedoch nur Oboen, Fagotte, Hörner, Streicher und einen fünfstimmigen Chor; um den Satz zu vollenden, hätte Mozart für Trompeten- und Pauken-Stimmen sicher auch hier zusätzliche Notenblätter verwendet.

Das Autograph des „Et incarnatus est" enthält zwischen Fagott und Solo-Sopran zwei leere Notensysteme, was darauf hindeuten könnte, dass Mozart den Einsatz von Hörnern in Erwägung zog. Derartige leere Systeme gibt es jedoch auch in anderen Werken Mozarts, so etwa im zweiten Satz des Klavierkonzerts d-Moll KV 466. Eine später komponierte Sopran-Arie, deren Tonart (F-Dur), Taktart (6/8) und Instrumentation (Solo-Flöte, Solo-Oboe, Solo-Fagott und Streicher) dem „Et incarnatus est" entsprechen, gibt einen weiteren Hinweis: in „Deh vieni, non tardar" aus dem 4. Akt von Le nozze di Figaro KV 492 werden ebenfalls keine Hörner eingesetzt.

2. In seinen Messen trennt Mozart zwar grundsätzlich die ausgedehnten Texte von Gloria und Credo in zwei einzelne Sätze, doch komponierte er als er jünger war zwei größere Messen (die Dominicus-Messe KV 66 und die Waisenhaus-Messe KV 139), in denen er die Texte des Gloria und Credo in weitere Untersätze aufteilte. Diese Unterteilungen entsprechen genau jenen, wie sie in den erhaltenen Sätzen von KV 427 zu finden sind. Die früheren Messen legen also nahe, dass das Credo fünf weitere Sätze enthalten sollte: „Crucifixus", „Et resurrexit", „Et in Spiritum Sanctum", „Et unam sanctam" und „Et vitam venturi".

3. Da die überlieferten Skizzen zu „Dona nobis pacem" Teile des Messetextes enthalten, wurden sie der c-Moll-Messe zugeschrieben. Es lässt sich jedoch nicht ausschließen, dass andere Skizzen, die solchen Text nicht enthalten, ebenfalls die Messe betreffen. Um diese Skizzen zu erkennen, ist es wichtig, sich Mozarts Vorgehensweise zu vergegenwärtigen und nicht von unserer heutigen Vorstellung auszugehen: Mozart skizzierte gerade so viel, dass es ihm für einen eventuellen späteren Gebrauch möglich war, den Gedanken wieder zu erkennen, und er notierte musikalische Ideen nicht, um ihnen eine unverwechselbare und endgültige Gestalt für Musikwissenschaftler späterer Generationen zu geben. Wissenschaftler, die überlieferte Mozart-Skizzen als mögliches Material für die c-moll-Messe verwenden möchten, sollten dies deshalb relativ frei handhaben. Zu beachten ist auch, dass Mozarts Skizzen zwar durchaus Motive für den Orchestersatz wiedergeben können, doch skizzierte Mozart meistens Ideen für den Vokal- und Chorsatz, die er dementsprechend auch in den Schlüsseln für Vokalmusik notierte. Nach den Regeln zur Textunterlegung schreibt man für jede Wortsilbe die einzelne Note eher mit Hals und Flagge, wohingegen für die Instrumentalmusik häufiger die Balkensetzung verwendet wird. Schließlich sollten sich die benutzten Skizzen an den für den fehlenden Satz in Betracht kommenden Text gut anpassen lassen. Bei der Sichtung aller erhaltenen Skizzen aus den Jahren zwischen 1781 und 1785 fanden sich gleich mehrere, die aller Wahrscheinlichkeit nach in Zusammenhang mit der c-Moll-Messe stehen. Sie alle stammen von 1783, als sich Mozart mit nur einem einzigen anderen großen Werk für Chor und Gesang befasste: L'Oca del Cairo. Nun sollte es eigentlich nicht schwer sein, Kirchenmusik von solcher für eine komische Oper zu unterscheiden. Das erste Thema einer achtstimmigen Doppelfuge in d-Moll, deren Skizze – wie auch diejenigen zum

---

2 Neben Paul Corneilson stellten bereits auch andere Musikwissenschaftler diesen Zusammenhang her.

„Dona nobis pacem" – unter den Handschriften zu *L'Oca del Cairo* gefunden wurde, passt zum Beispiel überzeugend zum „Crucifixus"-Text, und d-Moll ist eine Tonart, die auf das F-Dur des „Et incarnatus est" ohne Weiteres folgen könnte.

4. Fischers Partitur bestätigt, dass die Salzburger Stimmen einen Doppelchor zum *Qui tollis* enthielten. Daher ist es unwahrscheinlich, dass Mozart im *Sanctus*-„Hosanna" den Doppelchor durch einen einfachen vierstimmigen Chor ersetzt hätte. Fischers Einteilung in „Choro I" und „Choro II" ist ein weiterer Hinweis darauf, dass er sich der Existenz zweier Chöre durchaus bewusst war. Eine sorgfältige Prüfung der Verdoppelungen im Orchester der „Hosanna"-Fuge enthüllt, dass der in Fischers Partitur erhaltene vierstimmige Chor – den bisherige Ausgaben als Chor I benutzt haben – mit keinem von Mozarts originalen Chören identisch sein kann: Die Fuge besteht aus einem vorwiegend in Achteln gesetzten Thema und einem doppelt so schnellen Kontrasubjekt. Die Posaunen verdoppeln am Anfang der Fuge nur das Thema colla parte, woraus man schließen kann, dass der eine Chor dieses Thema singen sollte, während dem anderen Chor das Kontrasubjekt übertragen wurde. Eine Aufteilung des Themas zwischen beiden Chören würde den Vorteil der Verdoppelung durch die Posaune weitgehend wieder aufheben. Die vorliegende Vervollständigung ist die erste, die die Musik aus Fischers Partitur philologisch genau umgestaltet.

Neben dem bisher unbenutzten Skizzenmaterial gibt es eine weitere Quelle, die sich zur Vervollständigung der Messe anbietet: 1785 erhielt Mozart den Auftrag, für ein Konzert der Wiener Tonkünstler-Societät einen Psalm zu vertonen. Dafür richtete er ein italienisches Libretto so ein, dass es exakt zur Musik von *Kyrie* und *Gloria* der *c-Moll-Messe* passte. Das auf diese Weise entstandene Werk ist als Kantate *Davide penitente* KV 469 bekannt.[3] Auf das *Credo* kam Mozart nicht zurück, fügte aber eine Tenor-Arie zwischen „Domine Deus" und „Qui tollis", sowie eine Sopran-Arie zwischen „Qui tollis" und „Quoniam" ein. Außerdem komponierte er eine Kadenz für beide Solo-Soprane und Tenor, die er kurz vor Ende der „Cum Sancto"-Fuge einfügte. Nun waren die beiden hinzu komponierten Arien von *Davide penitente* zwar nicht für das *Credo* oder *Agnus Dei* bestimmt, doch hat Mozart sie im Zusammenhang mit der Musik der Messe konzipiert. Man könnte also auch umgekehrt vorgehen und den italienischen Text durch einen lateinischen ersetzen. Aus seinen frühen Messen wird ersichtlich, dass das *Credo* bei Mozart nur eine einzige Arie benötigt – das „Et in Spiritum Sanctum" (die anderen Sätze sind chorisch). Das „Agnus Dei" ist normalerweise ein weiterer Solo-Satz. Um Mozarts Messen-Aufbau so nah wie möglich zu kommen, wurden zur Vervollständigung der *c-Moll-Messe* somit zwei zusätzliche Arien benötigt. Die Tenor-Arie aus *Davide penitente* ist für ein obligates Holzbläserquartett aus Flöte, Oboe, Klarinette und Fagott gesetzt. Die Instrumentation der Messe enthält jedoch keine Klarinetten, und das spezielle Idiom der Solo-Klarinette sperrt sich gegen jegliche Adaption durch ein anderes Instrument. Die Sopran-Arie aus *Davide penitente* hingegen ist mit zwei Oboen und einer Flöte besetzt, und im „Et incarnatus est" der Messe

wechselt einer der Oboisten zur Flöte (was für heutige Aufführungen jedoch nicht mehr relevant ist, da immer ein Flötist zusätzlich eingesetzt wird). Die Arie besteht aus einer langsamen Einleitung in c-Moll (3/8-Takt), gefolgt von dem Allegro-Hauptteil in C-Dur. Die Introduktion ist in Tonart und Ausdruck ideal für das „Agnus Dei": Der italienische Text endet mit dem Wort „pace" („Frieden"), das folgende „Dona nobis pacem" vorausahnend, und es erscheint ein Schlussmotiv, das wiederum eine absteigende Figur aufweist, die den genauen Inhalt der Skizzen zum „Dona nobis pacem" abbildet. Der Hauptteil der Arie passt zwar zum Text „Et in Spiritum Sanctum", aber in seinen frühen größeren Messen wählt Mozart an dieser Stelle die Dominante – es schien somit unerlässlich, dieses Tonartenschema zu erhalten. Die Transposition der italienischen Arie von C-Dur nach G-Dur und der Besetzungswechsel vom Sopran zum Tenor bringen schließlich die Konzeption hervor, die Mozart in seinen früheren Messen für diesen Satz geschaffen hatte.

Die Quellen, die herangezogen wurden, um Mozarts Torso zu einer liturgisch vollständigen Messe zu machen, seien in Folgenden einzeln aufgelistet:

„Cum Sancto": Hier wurde die Kadenz für zwei Solo-Soprane und Tenor aus *Davide penitente* als Option eingefügt. Partitur und Stimmen erlauben den Ausführenden, sowohl diese erweiterte Fassung des Satzes zu musizieren, als auch die traditionelle Version ohne Kadenz beizubehalten.

„Credo in unum Deum": Lücken in den Holzbläser- und Streicher-Stimmen wurden ausgefüllt, Trompeten, Pauken und Posaunenstimmen zur Verdoppelung des Chores hinzugefügt.

„Et incarnatus est": Ergänzung der fehlenden Takte in Violinen und Violen.

„Crucifixus": Komposition einer achtstimmigen Doppelfuge für vierstimmigen Chor und Orchester, basierend auf einer Skizze von 1783.

„Et resurrexit": Komposition eines vierstimmigen Chores, basierend auf einer Skizze von 1783 und einem Motiv aus „Credo in unum Deum" (Mozart lässt häufig Motive von Satz zu Satz wiederkehren und verstärkt so die Einheit des Werkes – das *Requiem* KV 626 ist dafür ein hervorragendes Beispiel).

„Et in Spiritum Sanctum": Tenor-Arie, übertragen aus dem Hauptteil der Sopran-Arie „Tra l'oscure ombre funeste" aus *Davide penitente* KV 469.

„Et unam sanctam": Vervollständigung des Satzes, basierend auf einer Skizze von 1783. Mozart skizzierte häufig die komplizierte Entwicklung einer Idee, um deren Potenzial auszuloten. Hier war die Hersausforderung also nicht,

---

[3] Lange wurde vermutet, dass Lorenzo da Ponte der Librettist dieses Werkes gewesen sein könnte, doch scheinen neuere Forschungen von Bruce Alan Brown diese These zu widerlegen.

einen Satz vom Anfang her zu entwickeln (wie beispielsweise beim „Crucifixus"), sondern aus dem Material des Satzschlusses, das eine eher chromatische Gestalt hat, eine einfachere Version herzuleiten.

„Et vitam venturi": Komposition einer vierstimmigen Fuge, basierend auf dem Kontrasubjekt des *Kyrie*. Mozart bevorzugt für diesen Text Fugen. Das *Kyrie*-Gegenthema ist empfänglich für eine Vielzahl an kontrapunktischen Prozeduren, wie Imitation und Engführung, die im *Kyrie* selbst nicht ausgenutzt werden. Möglicherweise dachte Mozart daran, das Motiv später erneut anzuwenden. Der Gebrauch von Dur anstelle von Moll und der Wechsel von *alla breve* zu *andante moderato* bewirkten eine verblüffende Verwandlung des Motivs.

Sanctus-„Hosanna": In diesem Satz wurde unter Verwendung strenger philologischer Kriterien der Doppelchor wieder hergestellt. Dadurch konnte erstmals eine stimmige Chortextur in der „Hosanna"-Fuge erreicht werden.

„Agnus Dei": Adaption der Einleitung der Sopran-Arie „Tra l'oscure ombre funeste" aus *Davide penitente* in ihrer Originaltonart. Die Vertonung von „miserere nobis" macht die dreimalige Aussage des Textes zum „Agnus Dei" erforderlich, woraus die Einfügung eines Schlussabschnitts für vierstimmigen Chor resultiert – eine schon von Mozart befolgte Praxis.

„Dona nobis pacem": Vervollständigung des Satzes auf der Basis einer Skizze von 1783.

* * *

Die vorliegende Ausgabe gründet sich auf die Prüfung aller Primärquellen für die *Messe c-Moll* KV 427. Danken möchte ich dem Direktor und den Mitarbeitern der Stadt- und Staatsbibliothek Augsburg, der Staatsbibliothek zu Berlin – Preußischer Kulturbesitz, den Kunstsammlungen der Veste Coburg, der Biblioteka Jagiellońska in Krakau und der Österreichischen Nationalbibliothek Wien, ebenso wie der Carnegie Hall New York und Ara Guzelimian für den Auftrag zur neuen Vervollständigung, der Maria und Robert A. Skirnick Stiftung für Neue Werke an der Carnegie Hall für ihre Großzügigkeit bei der Finanzierung, John Harbison und Helmuth Rilling, deren außergewöhnliche Erkenntnisse bei Prüfung der fortschreitenden Arbeit diese unermesslich verbesserten (alle verbleibenden Fehler sind allein meine eigenen), Dr. Faye Ferguson, Dr. Ulrich Konrad und Dr. Cliff Eisen für ihre Hilfe und ihren Rat, Miriam Pfadt M.A. vom Carus-Verlag Stuttgart für ihre unermüdliche Kooperation bei der Vorbereitung dieser Ausgabe für Aufführung und Veröffentlichung und vor allem meiner geliebten Frau Ya-Fei Chuang, der die Arbeit gewidmet ist.

Cambridge, im Januar 2005   Robert D. Levin
Übersetzung: Jürgen Hartmann

Das ausführliche Vorwort mit Kritischem Bericht ist der Dirigierpartitur zu entnehmen (CV 51.427).

Foreword

In a letter of 4 January 1783 to his father, W. A. Mozart spoke of a vow he had made exactly five months before, in conjunction with his decision to marry Constanze Weber. He voices regret that a planned trip with Constanze to Salzburg has been delayed by "time and circumstances" and concludes, "the score of half of a Mass, which lies here, still in the best of hopes, may serve as proof, however, of the reality of my vow." This "half of a Mass" is surely the *Mass in C minor*, K. 427 (417a) – Mozart's most ambitious composition in the genre and the only mass between J. S. Bach's *Mass in B minor*, BWV 232 and L. v. Beethoven's *Missa solemnis* of comparable scale.

One reason for the delay in their visit to Salzburg was Constanze's pregnancy: the couple's first son, Raimund Leopold, was born on 17 June 1783. When the infant was barely more than a month old he was left in the care of a nurse and the couple departed for Salzburg, arriving on 29 June 1783. Mozart brought the score of the Mass along. According to the diary of his sister, Nannerl, the Mass, "in which my sister-in-law sings the solo," was rehearsed on Thursday, 23 October and performed on Sunday, 26 October. The participation of Contanze as a soprano soloist points to the fact that the Mass which Nannerl mentioned in her diary must be the *C-minor Mass*, for at the outset of their marriage Mozart had composed a series of solfeggios (vocalises) for his wife, one of which he used for the soprano solo in the "Christe eleison". If the Mass performed on 26 October 1783 was indeed the new composition, Mozart had nonetheless failed to complete it. We know this because a set of performance parts was made from Mozart's score. These parts were bequeathed by Nannerl to the collegiate Church of the Holy Cross in Augsburg, Germany. Some time before 1802 its choirmaster, Pater Matthäus Fischer, assembled a score of the *C-minor Mass* from the Salzburg parts, consisting of the entire *Kyrie* and *Gloria*, the *Sanctus*-"Hosanna" and the *Benedictus* (which ends with a return of the latter part of the "Hosanna" fugue). Although most of those parts have disappeared, those that survive contain only the movements in Fischer's score. Evidently these are the only ones Mozart completed. Neither the parts nor Fischer's score contain the *Credo*, „Agnus Dei" or "Dona nobis pacem."

Most of Mozart's autograph score is notated on Viennese manuscript paper containing 12-staves – the standard format during his lifetime. Fitting the large scoring of the Mass to this format engendered compromises. The Mass is scored for four soloists, chorus (varying from four-part SATB to five-part SSATB to eight-part double choir SATB/SATB), in which, following Salzburg practice, the alto, tenor and bass of the choir are doubled by trombones. The orchestra consists of two oboes (one of which switches to flute in the "Et incarnatus" est), two bassoons, two horns, two trumpets, timpani, and strings with organ. Even with the trombones sharing the choral staves and with each pair of wind and brass instruments on a single staff, a four-part chorus leaves no room for one of the instruments, five-part choruses leave out two, and an eight-

part double choir leaves out six. Mozart solved this problem by creating overflow scores for all choral movements using full orchestra.

The autograph consists of the following:

Kyrie / Gloria: These movements, on twelve-stave paper, are complete except for the instruments relegated to the overflow score.

Credo: The *Credo* is likewise written on twelve-stave paper. It is incomplete in two respects: There are only two movements – "Credo in unum Deum" and "Et incarnatus est." The remainder of the *Credo* text, from "Crucifixus" to "Et vitam venturi," is unset. Mozart apparently skipped the rest of the *Credo* and composed the *Sanctus*-"Hosanna" and *Benedictus*, perhaps because at St. Peter's church, where the Mass was performed in 1783, the *Credo* was not sung on certain Sundays.[1] The two movements which Mozart did draft are not fully scored. The wind and upper string parts to the "Credo in unum Deum" are incomplete, and there is no trace of trumpets or timpani. In the "Et incarnatus est" the violins and viola are missing except for the introduction and postlude.

Sanctus / Benedictus: The main score of the *Sanctus*-"Hosanna," together with the complete score of the *Benedictus*, has been lost. The overflow scores of *Gloria* and *Sanctus*-"Hosanna," on ten-stave Salzburg paper, apparently were notated soon before the performance. The overflow score of the *Sanctus* – "Hosanna," which contains *all* the winds, strongly implies that the lost main score contained only the eight-part double chorus and strings. It proves that Mozart composed the *Sanctus*-"Hosanna" (as does Fischer's score and the surviving parts, which likewise vouchsafe Mozart's authorship of the *Benedictus*. The latter uses reduced instrumental forces and therefore required no overflow score).

"Dona nobis pacem": Two sketches for a "Dona nobis pacem" have been handed down in a bundle of papers which also contains a draft of Mozart's unfinished opera, *L'Oca del Cairo*, K. 422, composed in Salzburg in 1783.

Why did Mozart abandon his vow and leave the Mass unfinished? The "Et incarnatus est" contains some of the most radiant, tender music he ever penned. Is it conceivable that as he pondered a setting for the words "And was incarnated by the Holy Spirit [...] and made man" his newborn baby imparted an intensely personal meaning to that text? Raimund Leopold died in Vienna on 9 August 1783, less than two months old, while Mozart and Constanze were still in Salzburg, and 2½ months before the Mass was

---

[1] Research shows that on 26 October 1783 the *Credo* should have been sung, but Mozart may have realized this too late, forcing him to use music from another of his masses or omitting the section in the performance.

Carus 51.427/03

performed as a torso. Though infant mortality was then commonplace and accepted more stoically than now, is it possible that Raimund's grieving father turned away from the Mass as too painful to complete?[2] Whether Mozart might have returned to the Mass in 1792 upon his appointment as choirmaster of St. Stephen's Cathedral in Vienna is unanswerable.

A completion of the *C-minor Mass* presents daunting challenges. First, there are fundamental considerations which must be addressed:

1. Did Mozart's intended scoring for the two surviving movements of the *Credo* include instruments not present in the draft scores?
2. How many additional movements did Mozart intend for the rest of the *Credo*?
3. Did Mozart sketch material for those movements or the *Agnus Dei*?
4. Fischer's score, except for one passage in the *Sanctus*, in which the soprano is divided between "Choro I" and "Choro II," contains only a single four-part chorus, despite the fact that the *Sanctus*-"Hosanna" must have been scored for double choir. Is the four-part setting what the Salzburg parts contained? Did Fischer simply copy out Chorus I, requiring only the reconstruction of Chorus II? Or might his version represent a combination of both choirs? If so, was the condensation his work, or was it effected or supervised by Mozart in Salzburg?

The present completion and reconstruction of Mozart's *C-minor Mass* proposes to answer the following questions:

1. Mozart always scored the "Credo in unum Deum" for the same orchestral forces as in the *Kyrie* and *Gloria*, in which he used trumpets and timpani. The twelve staves of the draft score contain only oboes, bassoons, horns, strings and five-part chorus, but there surely would have been an overflow score with trumpets and drums had Mozart finished the movement.
The autograph of the "Et incarnatus est" contains two blank staves between the bassoon and the solo soprano, which could suggest that Mozart intended to use horns, but such blank staves appear in other Mozart works, e.g., the second movement of the D-minor piano concerto, K. 466. A further clue to his intentions is provided by a later soprano aria whose key (F major), meter (6/8), and scoring (solo flute, solo oboe, solo bassoon and strings) are the same as here: "Deh vieni, non tardar" from Act IV of *Le Nozze di Figaro*, K. 492. There are no horns there, either.
2. Generally, Mozart set the large texts of the *Gloria* and the *Credo* in two separate movements. However, when he was quite young, he composed two masses on a larger scale (the "Dominicus" *Mass in C major*, K. 66, and the "Orphanage" *Mass in C minor*, K. 139), in which he divided the *Gloria* and *Credo* into sub-movements. These subdivisions are identical in the surviving movements of K. 427. The earlier masses imply that the *Credo* was meant to contain five more movements: "Crucifixus," "Et resurrexit," "Et in Spiritum Sanctum," "Et unam sanctam," and "Et vitam venturi."

3. The "Dona nobis pacem" sketches were attributed to the *C-minor Mass* because they include text from the Mass. One cannot exclude the possibility, however, that other sketches meant for the Mass might lack such text. We must consider Mozart's mindset, not ours: he sketched what enabled him to recognize an idea for later use, not to give it an unmistakable identity for musicologists. Scholars wishing to comb the surviving Mozart sketches for possible material for the *C-minor Mass* must employ more flexible criteria. Sketches might include orchestral introductions, but primarily choral and vocal ideas, and these would be in vocal clefs. The conventions of text-setting would likely produce notes with flags (for individual syllables) rather than the beams used for instrumental music. Finally, relevant sketches ought to parse with a section of text from one of the missing movements. Combing through all surviving sketches from 1781 to 1785 reveals several sketches that in all likelihood *are* related to the *C-minor Mass*. They all stem from 1783, during which time the only other major choral/vocal work upon which Mozart labored besides the Mass was *L'Oca del Cairo*. There ought to be little difficulty in distinguishing church music mass from that for a comic opera. An important example, the first theme of an eight-part double fugue in D minor found, like the "Dona nobis pacem" sketches, in the *Oca del Cairo* fascicles, fits the "Crucifixus" text convincingly, and D minor is a plausible key to follow the F major of the "Et incarnatus est."
4. Fischer's score confirms that the Salzburg parts reproduced Mozart's double choir in the "Qui tollis", making it unlikely that Mozart would have replaced the double choir for the *Sanctus*-"Hosanna" with a jerrybuilt four-part choir; and Fischer's "Choro I" and "Choro II" indication shows that he was aware that there *were* two choirs. A careful examination of the orchestral doublings in the "Hosanna" fugue reveals that the surviving four-part chorus of Fischer's score, which prior editions have used as Choir I, cannot be identical with either of Mozart's original choirs: The fugue consists of a subject primarily in eighth-notes and a countersubject twice as fast. The trombones double only the subject at the outset of the fugue, implying that one choir was meant to sing the subject, while the other sang the countersubject. (The trombones would sit together, so splitting the subject between the choirs would largely undo the advantage of the trombone doubling.) The present completion is the first to recast the music of Fischer's copy in a philologically rigorous way.

In addition to hitherto unused sketch material, there is a second possible resource in completing the Mass: In 1785 Mozart was commissioned to compose a Psalm for a concert of the Wiener Tonkünstler-Societät. He arranged for an Italian libretto to be fitted to the *Kyrie* and *Gloria* of the Mass, which was performed as the cantata *Davide penitente*, K. 469.[3] He did not revisit the *Credo*, but he did add a tenor aria between the "Domine Deus" and the "Qui tollis," and a soprano aria between the latter and the "Quo-

---

2 Paul Corneilson and others have suggested this connection.
3 It has been suggested that Lorenzo da Ponte might have been the librettist, but recent work by Bruce Alan Brown appears to refute this hypothesis.

niam." He also added a cadenza for the solo sopranos and tenor just before the end of the "Cum Sancto" fugue. Although not designed for the *Credo* or the *Agnus Dei*, these arias *were* conceived to be heard with the music of the Mass. Might this music work in reverse text-setting, with Latin replacing the Italian? From Mozart's early masses we see that the *Credo* requires only a single aria – the "Et in Spiritum Sanctum" (The other movements are choral). The *Agnus Dei* is normally also a solo movement, so two arias are indeed required. The tenor aria from *Davide penitente* is scored for an obbligato wind quartet of flute, oboe, clarinet and bassoon. The Mass does not include clarinets in its scoring, and the idiomatic writing for solo clarinet resists adaptation to another instrument. The soprano aria from *Davide penitente* adds a flute to the two oboes, whereas in the "Et incarnatus est" one of the oboists switches to flute. For performances today, however, this is scarcely important, as a separate flutist is always used. The aria consists of a slow introduction in C minor in 3/8 time, followed by a main Allegro in C major. The introduction seems ideal in key and expressive tone for the *Agnus Dei*; the Italian text ends with the word "pace" (peace), foreshadowing the "Dona nobis pacem" to follow, with a final motive featuring a descending scale figure that reflects the exact content of the "Dona nobis pacem" sketches. The main section of the aria fits the text "Et in Spiritum Sanctum"; but Mozart uses the dominant key for this text in his early full-length masses. It seemed essential to preserve Mozart's key scheme. Transposing the aria from C to G, and from soprano to tenor, yields the voice Mozart uses in the earlier masses.

The new completion employed the following sources and procedures to make Mozart's torso into a liturgically complete Mass:

"Cum Sancto": The vocal cadenza for two solo sopranos and tenor from *Davide penitente* has been introduced as an option; the score and parts allow performers to retain the traditional version without the cadenza if they prefer.

"Credo in unum Deum": Gaps in the winds and strings have been filled in, and trumpets, timpani and trombone parts for doubling the choir have been added.

"Et incarnatus est": Missing scoring for violins and viola have been added.

"Crucifixus": An eight-part double fugue for four-part chorus and orchestra has been composed, based on a 1783 sketch.

"Et resurrexit": A four-part chorus based on a 1783 sketch and a motive from the "Credo in unum Deum" was composed (Mozart often enhances unity by reusing motives from movement to movement; the *Requiem*, K. 626 provides an outstanding example.)

"Et in Spiritum Sanctum": The Tenor aria, transcribed from the main section of the soprano aria "Tra l'oscure ombre funeste" from *Davide penitente*, K. 469, was employed for this movement.

"Et unam sanctam": The movement has been completed, based upon a 1783 sketch. Mozart often notates a complicated version of an idea to discover its ultimate potential. Here the challenge was not to develop a movement from a beginning (e. g., the "Crucifixus"), but to derive a simpler version from material heard in a more chromatic guise at the end of the movement.

"Et vitam venturi": A four-part fugue was composed, based on the countersubject of the *Kyrie*. Mozart prefers a fugue for this text. The *Kyrie* countersubject is susceptible to a variety of contrapuntal procedures, such as imitation and stretto (having one voice enter with the subject before another is done) – that were not exploited there. This could imply that Mozart intended to reuse the motive later. The use of major instead of minor and *alla breve* rather than *Andante moderato* effects a striking transformation.

Sanctus-"Hosanna": The double choir scoring was restored, using strict philological criteria, producing a consistent choral texture in the "Hosanna" fugue for the first time.

"Agnus Dei": Adaptation of the introduction to "Tra l'oscure ombre funeste" from *Davide penitente*, in the original key. The text to the „Agnus Dei" requires a triple statement of the text (through the words "miserere nobis"), resulting in the interpolation of a final section for four-part chorus – a practice observed by Mozart.

"Dona nobis pacem": The completion was based upon a 1783 sketch.

* * *

The present edition reflects an examination of all the primary sources to the *C-minor Mass* K. 427. I would like to express my thanks to the directors and staff at the Stadt- und Staatsbibliothek, Augsburg; the Staatsbibliothek zu Berlin – Preußischer Kulturbesitz; the Kunstsammlungen der Veste Coburg (in Germany); the Biblioteka Jagiellońska, Kraków (Poland); and the Österreichische Nationalbibliothek, Vienna (Austria); to Carnegie Hall, New York and to Ara Guzelimian for commissioning the new completion; to The Maria and Robert A. Skirnick Fund for New Works at Carnegie Hall and the Skirnicks for their generosity in funding it; to John Harbison and Helmuth Rilling, whose extraordinary insight in reviewing the work in progress improved it immeasurably (the faults that remain are mine alone); to Dr. Faye Ferguson, Dr. Ulrich Konrad, and Dr. Cliff Eisen for help and advice; to Miriam Pfadt, M.A., of Carus-Verlag, Stuttgart for her tireless cooperation in preparing the edition for performance and publication, and above all to my beloved wife, Ya-Fei Chuang, to whom the completion is dedicated.

Cambridge, January 2005 Robert D. Levin

For a more detailed version of the Foreword and Critical Report, see the full score (CV 51.427).

Kyrie

Wolfgang Amadeus Mozart
(1756–1791)
ergänzt und herausgegeben von
completed and edited by Robert D. Levin (2005)

1. Kyrie

Aufführungsdauer / Duration: ca. 80 min.

Klavierauszug: Paul Horn

Carus 51.427/03

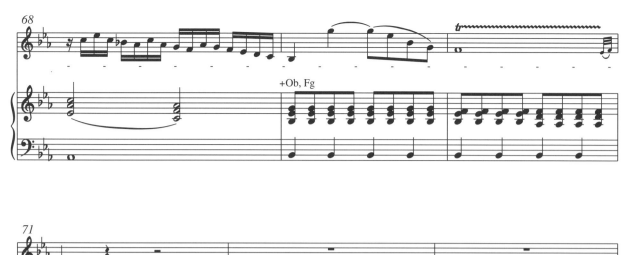

Gloria

2. Gloria

ta - - - - - - - - - - - tis.

lun - - ta - - - - - - - - tis.

vo - lun - ta - - - - - - - tis.

- - nae vo - lun - ta - - - tis.

+Ob, Fg, Cor

3. Laudamus te

Allegro aperto

Archi

+Ob, Cor

2 Oboi, 2 Corni
Archi, Bassi
ed Organo
Fagotti col
Basso

4. Gratias

5. Domine

Allegro moderato

Archi
Bassi ed Organo
Fagotti col
Basso

Soprano I solo

Do — mi-ne De — us,

Rex cae - le - stis, Rex — cae - le - stis, De - -

Carus 51.427/03

6. Qui tollis

7. Quoniam

tu so-lus San - ctus, tu so-lus San - ctus. Quo - ni - am tu so-lus

Quo - ni - am tu so-lus San - ctus, tu so-lus San-ctus. Quo-

Quo - ni - am tu so-lus San-ctus.

Va

Bassi

San - - - - - - - - -

- ni - am tu so-lus San - - - - -

Quo - ni - am tu so-lus San - -

+Ob

Va

Bassi

8. Jesu Christe

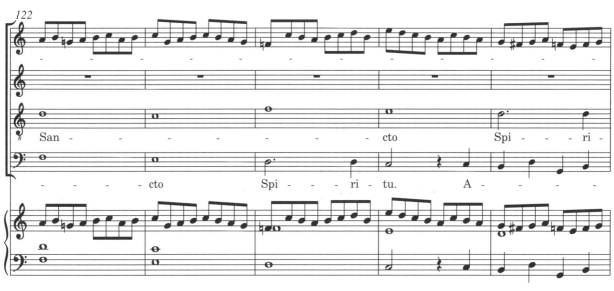

*) T. 186a, 233-242 = Fassung von 1783; T. 186b-242 = erweiterte Fassung nach *Davide penitente* KV 469.
   mm. 186a, 233-242 = 1783 version; mm. 186b-242 = expanded version from Davide penitente *K. 469.*

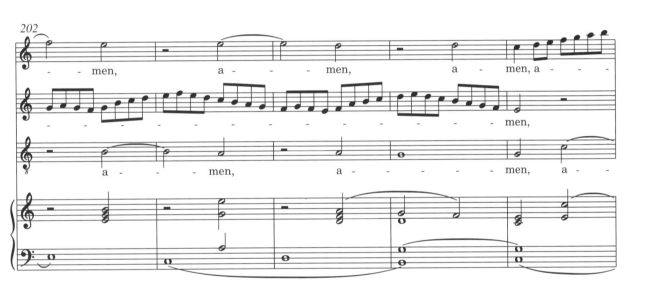

Credo

Credo

9. Credo

Carus 51.427/03

10. Et incarnatus est

ctus est.

Archi

Tutti

11. Crucifixus

12. Et resurrexit

13. Et in Spiritum Sanctum

est per Pro - phe - - - tas, per Pro - phe - - - - tas, qui lo - cu - tus est per _____ Pro - phe - - - tas.

14. Et unam sanctam

15. Et vitam venturi

Sanctus

16. Sanctus

Carus 51.427/03

Allegro comodo

Benedictus

17. Benedictus

Agnus Dei

18. Agnus Dei

19. Dona nobis pacem

Carus 51.427/03

Bach, C. P. E.: Magnificat (Wq 215)	33.215/03	- Benedictus sit Deus (KV 117)	40.044/03
- Das große Heilig (Wq 217)	33.217/03	- Davide penitente (KV 469)	40.060/03
Bach, J. C. F.: Die Pilgrime auf Golgatha	✧ 34.104/03	● - Dixit et Magnificat (KV 193)	40.052/03
Bach, J. E.: Deutsches Magnificat	30.303/03	- Drei geistliche Hymnen (Thamos-Chöre) (KV 345)	● 40.032/03
Bach, J. S.: Johannespassion. Fassung IV 1749 (BWV 245)	31.245/03	- Ergo interest, an quis (KV 143)	40.766/03
- Johannespassion. Fassung II 1725 (BWV 245)	31.245/53	- Exsultate, jubilate (KV 165)	40.767/03
- Magnificat in D (BWV 243)	31.243/03	- Grabmusik (KV 42)	40.045/03
- Markuspassion (BWV 247)	31.247/03	- Hosanna in G (KV 223)	40.034/03
- h-Moll-Messe (BWV 232)	Δ 31.232/03	- Inter natos mulierum (KV 72)	40.033/03
- Missa in F (BWV 233)	31.233/03	- Kyrie in d (KV 341)	40.037/03
- Missa in A (BWV 234)	31.234/03	- Kyrie in F (KV 33)	40.035/03
- Missa in g (BWV 235)	31.235/03	- Litaniae Lauretanae B. M. V. (KV 109)	40.054/03
- Missa in G (BWV 236)	31.236/03	- Litaniae de venerabili altaris Sacramento (KV 125)	40.055/03
- ca. 100 Kantaten (Sonderprospekt)		- Litaniae Lauretanae B. M. V. (KV 195)	40.056/03
- Himmelfahrtsoratorium (BWV 11)	31.011/03	- Litaniae de venerabili altaris Sacramento (KV 243)	40.057/03
- Osteroratorium (BWV 249)	31.249/03	- Misericordias Domini (KV 222)	40.040/03
- Weihnachtsoratorium (BWV 248)	31.248/03	- Missa brevis in G (KV 49)	40.621/03
Bellini: Salve Regina	✧ 40.061/03	- Missa brevis in d (KV 65)	40.622/03
- Tecum principium	✧ 40.062/03	- Missa in C. Dominicusmesse (KV 66)	40.613/03
Berlioz: L'Enfance du Christ	70.038/03	- Missa in c. Waisenhausmesse (KV 139)	40.614/03
Biber: Missa Sti. Henrici	40.676/03	- Missa brevis in G (KV 140)	40.623/03
Brahms: Ave Maria op. 12	● 40.180/03	- Missa in C. Trinitatismesse (KV 167)	40.615/03
- Der 13. Psalm	40.182/03	- Missa brevis in F (KV 192)	● 40.624/03
- Ein Deutsches Requiem op. 45	● 23.006/03 + 05	- Missa brevis in D (KV 194)	● 40.625/03
Buxtehude: Also hat Gott die Welt geliebt (BuxWV 5)	36.010/03	- Missa in C. Spatzenmesse (KV 220)	40.626/03
- Singet dem Herrn ein neues Lied	36.012/03	- Missa in C. Credomesse (KV 257)	40.616/03
Cherubini, Luigi: Requiem in c	40.086/03	- Missa in C. Spaurmesse (KV 258)	40.627/03
Diabelli, Anton: Messe in Es	✧ 23.007/03	- Missa in C. Orgelsolomesse (KV 259)	40.628/03
Dittersdorf: Missa solemnis in C	27.035/03	- Missa longa in C (KV 262)	40.617/03
Dvořák: Messe in D op. 86	40.653/03	- Missa brevis in B (KV 275)	40.629/03
Eberlin: Terra tremuit	27.110/03	- Missa in C. Krönungsmesse (KV 317)	40.618/03
- Vagit infans	27.109/03	- Missa solemnis in C (KV 337)	40.619/03
- Veni Creator Spiritus	27.111/03	- Missa in c (KV 427) · Levin	51.427/03
Fauré: Requiem	27.312/03	- Missa in c (KV 427) · Maunder	40.620/03
Franck, César: Die Sieben Worte Jesu	✧ 40.095/03	- Regina coeli in C (KV 108)	40.047/03
- Messe in A (op. 12)	40.646/50	- Regina coeli in B (KV 127)	40.048/03
Graun: Der Tod Jesu	10.379/09	- Regina coeli in C (KV 276)	40.049/03
Händel: O praise the Lord. Anthem	40.911/03	- Requiem (KV 626) · Levin	51.626/53
Hasse: Cleofide	50.704/03	- Requiem (KV 626) · Maunder	40.630/03
- Psalm 111. Beatus vir	40.969/03	- Sancta Maria, Mater Dei (KV 273)	● 40.053/03
- Psalm 110. Confitebor tibi	40.968/03	- Sub tuum praesidium (KV 198)	40.768/03
- Psalm 109. Dixit Dominus	40.966/03	- Tantum ergo in B (KV 142)	40.038/03
- Psalm 112. Laudate pueri	40.970/03	- Tantum ergo in D (KV 197)	40.039/03
Haydn, Joseph: Missa brevis in F	40.601/03	- Te Deum laudamus (KV 141)	40.046/03
- Missa brevis in G	40.602/03	- Veni Sancte Spiritus (KV 47)	40.043/03
- Missa in honorem B.V.M. (Große Orgelsolomesse)	40.603/03	- Venite populi (KV 260)	40.041/03
- Missa Sancti Nicolai in G	40.605/03	- Vesperae solennes de Confessore (KV 339)	40.059/03
- Missa St. Joannis de Deo	40.600/03	- Vesperae solennes de Dominica (KV 321)	40.058/03
- Missa Cellensis (Mariazeller Messe)	40.606/03	Puccini: Messa a 4 voci (Messa di Gloria)	40.645/03
- Missa in tempore belli (Paukenmesse)	40.607/03	Rejcha: Te Deum	✧ 40.907/03
- Missa in Angustiis (Nelsonmesse)	40.609/03	Rheinberger: Der Stern von Bethlehem (op. 164)	● 50.164/03
- Missa solemnis in B (Schöpfungsmesse)	40.611/03	- Missa in A (op. 126) für Frauenchor	50.126/03
Haydn, Michael: Missa Beatissimae Virginis Mariae (MH 15)	✧ 50.305/03	- Missa in B (op. 172) für Männerchor	● 50.172/03
- Missa in honorem Sanctae Ursulae (MH 546)	54.546/03	- Messe in C (op. 169)	50.169/03
- Missa Sancti Hieronymi (MH 254)	54.254/03	- Requiem (op. 60)	50.060/03
- Missa sub titulo Sanctae Theresiae (MH 797)	✧ 50.328/03	Stabat Mater (op. 16)	50.016/03
- Missa sub titulo Sancti Francisci Seraphici (MH 826)	50.329/03	Rossini: Petite Messe solennelle	40.650/03
- Missa sub titulo Sancti Leopoldi (MH 837)	54.837/03	- Messa di Rimini	40.674/03
- Requiem in B (MH 838)	54.838/03	- Miserere	40.805/03
- Requiem in c (MH 154)	50.321/03	- Stabat Mater	70.089/03
- Vesperae solennes (MH 321)	✧ 50.348/03	Ryba: Missa pastoralis bohemica	40.678/03
- Weihnachtsresponsoren (MH 639)	54.638/03	Saint-Saëns: Oratorio de Noël (L)/(G)	40.455/03/53
Heinichen: Missa Nr. 9 in D	27.048/03	Salieri: La Passione di Gesù Cristo	✧ 40.942/03
Herzogenberg: Die Geburt Christi (op. 90)	40.196/03	Schubert: Deutsche Messe (D 872)	70.060/03
- Die Passion (op. 93)	40.197/03	- Graduale C „Benedictus es, Domine" (D 184)	70.042/03
- Erntefeier (op. 104)	40.198/03	- Magnificat in C (D 486)	● 70.053/03
- Messe in e (op. 87)	✧ 27.020/03	- Messe in F (D 105)	40.656/03
Holzbauer: Missa in C	● ✧ 50.501/03	- 5 Messen	
Homilius, G. A.: Johannespassion HoWV I.4	● 37.103/03	- Offertorium in a „Tres sunt" (D 181)	70.044/03
- Passionskantate HoWV I.2	● 37.104/03	- Offertorium in C „Totus in corde" (D 136)	70.045/04
Keiser: Markus-Passion (arr. J. S. Bach)	35.304/03	- 4 Salve Regina-Vertonungen (D 27, 106, 223, 676)	70.054/03–70.057/03
Mauersberger: Christvesper RMWV 7	✧ 7.201/03	- 5 Tantum ergo-Vertonungen (D 460, 461,	
Mendelssohn: Ach Gott, vom Himmel (Choralkantate)	● 40.185/03	730, 750, 962)	70.047/03–70.052/03
- Ave maris stella	● ✧ 40.797/03	- Stabat Mater in g (D 175)	70.043
- Christus op. 97	40.131/03	Schütz: Weihnachtshistorie	20.435/03
- Christe, du Lamm Gottes. (Choralkantate)	● 40.184/03	Suppè: Missa pro defunctis. Requiem	✧ 40.085/03
- Psalmen		Telemann: Daran ist erschienen die Liebe Gottes	39.130/03
- Elias (op. 70)	40.130/03	- Die Tageszeiten	40.250/03
- Gloria in Es	40.483/03	- Hosianna dem Sohne David (Adventskantate)	39.117/03
- Herr Gott, dich loben wir (Choral)	40.124/03	- Machet die Tore weit (Adventskantate)	● 39.105/03
- Hymne „Hör mein Bitten"/ „Hear my prayer"	● 40.165/03	- Missa brevis in h	39.131/03
- Jesu, meine Freude (Choralkantate)	● 40.188/03	- Siehe! es hat überwunden der Löwe	39.136/03
- Kyrie in d	● ✧ 40.182/03	- Trauer-Actus „Ach, wie nichtig"	39.134/03
- Lauda Sion (op. 73)	● 40.077/03	- Weiche, Lust und Fröhlichkeit (Passionskantate)	39.494/03
- Lobgesang. Sinfonie-Kantate (op. 52)	40.076/03	Vivaldi: Beatus vir	40.012/03
- Magnificat in D	40.484/03	- Credo (RV 591)	● 40.004/03
- O Haupt voll Blut und Wunden (Choralkantate)	● 40.186/03	- Gloria (RV 589)	40.001/03
- Paulus (op. 36)	40.129/03	- Kyrie (RV 587)	● 40.005/03
- Tu es Petrus (op. 111)	40.480/03	- Magnificat (RV 610)	40.002/03
- Verleih uns Frieden gnädiglich (Choralkantate)	● 40.481/03	- Psalm 109. Dixit Dominus	● 40.007/03
- Vom Himmel hoch (Choralkantate)	● ✧ 40.189/03	- Psalm 111. Beatus Vir	● 40.012/03
- Wer nur den lieben Gott läßt walten (Choralkantate)	● 40.132/03	Verdi: Ave Maria	40.795/03
- Wir glauben all an einen Gott (Choralkantate)	● 40.187/03		
Mozart: Alma Dei Creatoris (KV 277)	40.050/03		
- Ave verum corpus (KV 618)	40.051/03		

✧ = Erstausgabe (der Partitur) / Δ = in Vorbereitung / ● = Carus CD
Alle Werke mit vollständigem Aufführungsmaterial erhältlich.　　10/06